I0053109

ADDRESS BOOK
TRAVEL

The Pocket Size Address Book

www.journalsrus.com

Address Book Travel

ISBN-10:1-63589-071-3
ISBN-13:978-1-63589-071-6

Table of Content

Name	Page		Name	Page

Name	Page		Name	Page

THIS PAGE WAS
INTENTIONALLY
LEFT BLANK

NAME……………………………………………………………………
ADDRESS………………………………………………………………….
……………………………………………………………………………….
MOBILE # (Cell)……………………………………………………….
HOME #………………………………………………………………….
WORK #…………………………………………………………………
FAX……………………………………………………………………..
EMAIL……………………………………………………………………

NAME……………………………………………………………………
ADDRESS………………………………………………………………….
……………………………………………………………………………….
MOBILE # (Cell)……………………………………………………….
HOME #………………………………………………………………….
WORK #…………………………………………………………………
FAX……………………………………………………………………..
EMAIL……………………………………………………………………

NAME……………………………………………………………………
ADDRESS………………………………………………………………….
……………………………………………………………………………….
MOBILE # (Cell)……………………………………………………….
HOME #………………………………………………………………….
WORK #…………………………………………………………………
FAX……………………………………………………………………..
EMAIL……………………………………………………………………

NOTES:

NAME……………………………………………………………………
ADDRESS………………………………………………………………....
……………………………………………………………………………....
MOBILE # (Cell)……………………………………………………..…..
HOME #……………………………………………………………..…....
WORK #……………………………………………………………..........
FAX……………………………………………………………………..
EMAIL…………………………………………………………………..

NAME……………………………………………………………………
ADDRESS………………………………………………………………....
……………………………………………………………………………....
MOBILE # (Cell)……………………………………………………..…..
HOME #……………………………………………………………..…....
WORK #……………………………………………………………..........
FAX……………………………………………………………………..
EMAIL…………………………………………………………………..

NAME……………………………………………………………………
ADDRESS………………………………………………………………....
……………………………………………………………………………....
MOBILE # (Cell)……………………………………………………..…..
HOME #……………………………………………………………..…....
WORK #……………………………………………………………..........
FAX……………………………………………………………………..
EMAIL…………………………………………………………………..

NOTES:

NAME……………………………………………………………………
ADDRESS…………………………………………………………………
…………………………………………………………………………
MOBILE # (Cell)……………………………………………………………
HOME #……………………………………………………………………
WORK #……………………………………………………………………
FAX…………………………………………………………………………
EMAIL………………………………………………………………………

NAME……………………………………………………………………
ADDRESS…………………………………………………………………
…………………………………………………………………………
MOBILE # (Cell)……………………………………………………………
HOME #……………………………………………………………………
WORK #……………………………………………………………………
FAX…………………………………………………………………………
EMAIL………………………………………………………………………

NAME……………………………………………………………………
ADDRESS…………………………………………………………………
…………………………………………………………………………
MOBILE # (Cell)……………………………………………………………
HOME #……………………………………………………………………
WORK #……………………………………………………………………
FAX…………………………………………………………………………
EMAIL………………………………………………………………………

NOTES:

NAME…………………………………………………………………
ADDRESS………………………………………………………………
……………………………………………………………………………
MOBILE # (Cell)………………………………………………………
HOME #…………………………………………………………………
WORK #…………………………………………………………………
FAX………………………………………………………………………
EMAIL……………………………………………………………………

NAME…………………………………………………………………
ADDRESS………………………………………………………………
……………………………………………………………………………
MOBILE # (Cell)………………………………………………………
HOME #…………………………………………………………………
WORK #…………………………………………………………………
FAX………………………………………………………………………
EMAIL……………………………………………………………………

NAME…………………………………………………………………
ADDRESS………………………………………………………………
……………………………………………………………………………
MOBILE # (Cell)………………………………………………………
HOME #…………………………………………………………………
WORK #…………………………………………………………………
FAX………………………………………………………………………
EMAIL……………………………………………………………………

NOTES:

NAME……………………………………………………………………
ADDRESS……………………………………………………………….
………………………………………………………………………...
MOBILE # (Cell)………………………………………………..…..
HOME #………………………………………………………..……..
WORK #……………………………………………………….........
FAX…………………………………………………………………..
EMAIL………………………………………………………………..

NAME……………………………………………………………………
ADDRESS……………………………………………………………….
………………………………………………………………………...
MOBILE # (Cell)………………………………………………..…..
HOME #………………………………………………………..……..
WORK #……………………………………………………….........
FAX…………………………………………………………………..
EMAIL………………………………………………………………..

NAME……………………………………………………………………
ADDRESS……………………………………………………………….
………………………………………………………………………...
MOBILE # (Cell)………………………………………………..…..
HOME #………………………………………………………..……..
WORK #……………………………………………………….........
FAX…………………………………………………………………..
EMAIL………………………………………………………………..

NOTES:

NAME…………………………………………………………………
ADDRESS……………………………………………………………....
……………………………………………………………………………....
MOBILE # (Cell)……………………………………………………..…..
HOME #………………………………………………………………..…....
WORK #…………………………………………………………….........
FAX………………………………………………………………………..
EMAIL………………………………………………………………………..

NAME…………………………………………………………………
ADDRESS……………………………………………………………....
……………………………………………………………………………....
MOBILE # (Cell)……………………………………………………..…..
HOME #………………………………………………………………..…....
WORK #…………………………………………………………….........
FAX………………………………………………………………………..
EMAIL………………………………………………………………………..

NAME…………………………………………………………………
ADDRESS……………………………………………………………....
……………………………………………………………………………....
MOBILE # (Cell)……………………………………………………..…..
HOME #………………………………………………………………..…....
WORK #…………………………………………………………….........
FAX………………………………………………………………………..
EMAIL………………………………………………………………………..

NOTES:

NAME…………………………………………………………………
ADDRESS……………………………………………………………….
…………………………………………………………………………..
MOBILE # (Cell)……………………………………………………..
HOME #……………………………………………………………….
WORK #……………………………………………………………….
FAX……………………………………………………………………
EMAIL…………………………………………………………………

NAME…………………………………………………………………
ADDRESS……………………………………………………………….
…………………………………………………………………………..
MOBILE # (Cell)……………………………………………………..
HOME #……………………………………………………………….
WORK #……………………………………………………………….
FAX……………………………………………………………………
EMAIL…………………………………………………………………

NAME…………………………………………………………………
ADDRESS……………………………………………………………….
…………………………………………………………………………..
MOBILE # (Cell)……………………………………………………..
HOME #……………………………………………………………….
WORK #……………………………………………………………….
FAX……………………………………………………………………
EMAIL…………………………………………………………………

NOTES:

NAME……………………………………………………………………
ADDRESS………………………………………………………………....
……………………………………………………………………………....
MOBILE # (Cell)…………………………………………………..…..
HOME #…………………………………………………………..…....
WORK #…………………………………………………………..........
FAX……………………………………………………………………..
EMAIL……………………………………………………………………..

NAME……………………………………………………………………
ADDRESS………………………………………………………………....
……………………………………………………………………………....
MOBILE # (Cell)…………………………………………………..…..
HOME #…………………………………………………………..…....
WORK #…………………………………………………………..........
FAX……………………………………………………………………..
EMAIL……………………………………………………………………..

NAME……………………………………………………………………
ADDRESS………………………………………………………………....
……………………………………………………………………………....
MOBILE # (Cell)…………………………………………………..…..
HOME #…………………………………………………………..…....
WORK #…………………………………………………………..........
FAX……………………………………………………………………..
EMAIL……………………………………………………………………..

NOTES:

NAME...
ADDRESS...
....
MOBILE # (Cell)...
HOME #...
WORK #...
FAX...
EMAIL...

NAME...
ADDRESS...
....
MOBILE # (Cell)...
HOME #...
WORK #...
FAX...
EMAIL...

NAME...
ADDRESS...
....
MOBILE # (Cell)...
HOME #...
WORK #...
FAX...
EMAIL...

NOTES:

NAME……………………………………………………………………
ADDRESS……………………………………………………………….
……………………………………………………………………….
MOBILE # (Cell)…………………………………………………..….
HOME #……………………………………………………..……..
WORK #………………………………………………………..........
FAX…………………………………………………………………..
EMAIL……………………………………………………………….

NAME……………………………………………………………………
ADDRESS……………………………………………………………….
……………………………………………………………………….
MOBILE # (Cell)…………………………………………………..….
HOME #……………………………………………………..……..
WORK #………………………………………………………..........
FAX…………………………………………………………………..
EMAIL……………………………………………………………….

NAME……………………………………………………………………
ADDRESS……………………………………………………………….
……………………………………………………………………….
MOBILE # (Cell)…………………………………………………..….
HOME #……………………………………………………..……..
WORK #………………………………………………………..........
FAX…………………………………………………………………..
EMAIL……………………………………………………………….

NOTES:

NAME…………………………………………………………
ADDRESS……………………………………………………….
…………………………………………………………………
MOBILE # (Cell)………………………………………………
HOME #…………………………………………………………
WORK #…………………………………………………………
FAX………………………………………………………………
EMAIL……………………………………………………………

NAME…………………………………………………………
ADDRESS……………………………………………………….
…………………………………………………………………
MOBILE # (Cell)………………………………………………
HOME #…………………………………………………………
WORK #…………………………………………………………
FAX………………………………………………………………
EMAIL……………………………………………………………

NAME…………………………………………………………
ADDRESS……………………………………………………….
…………………………………………………………………
MOBILE # (Cell)………………………………………………
HOME #…………………………………………………………
WORK #…………………………………………………………
FAX………………………………………………………………
EMAIL……………………………………………………………

NOTES:

NAME……………………………………………………………
ADDRESS………………………………………………………….
……………………………………………………………………
MOBILE # (Cell)……………………………………………….
HOME #………………………………………………………….
WORK #…………………………………………………………
FAX……………………………………………………………..
EMAIL……………………………………………………………

NAME……………………………………………………………
ADDRESS………………………………………………………….
……………………………………………………………………
MOBILE # (Cell)……………………………………………….
HOME #………………………………………………………….
WORK #…………………………………………………………
FAX……………………………………………………………..
EMAIL……………………………………………………………

NAME……………………………………………………………
ADDRESS………………………………………………………….
……………………………………………………………………
MOBILE # (Cell)……………………………………………….
HOME #………………………………………………………….
WORK #…………………………………………………………
FAX……………………………………………………………..
EMAIL……………………………………………………………

NOTES:

NAME…………………………………………………………………
ADDRESS…………………………………………………………….....
……………………………………………………………………….....
MOBILE # (Cell)……………………………………………….…..
HOME #…………………………………………………………..…....
WORK #……………………………………………………….............
FAX………………………………………………………………….
EMAIL…………………………………………………………………..

NAME…………………………………………………………………
ADDRESS…………………………………………………………….....
……………………………………………………………………….....
MOBILE # (Cell)……………………………………………….…..
HOME #…………………………………………………………..…....
WORK #……………………………………………………….............
FAX………………………………………………………………….
EMAIL…………………………………………………………………..

NAME…………………………………………………………………
ADDRESS…………………………………………………………….....
……………………………………………………………………….....
MOBILE # (Cell)……………………………………………….…..
HOME #…………………………………………………………..…....
WORK #……………………………………………………….............
FAX………………………………………………………………….
EMAIL…………………………………………………………………..

NOTES:

NAME..
ADDRESS..
....
MOBILE # (Cell)...
HOME #...
WORK #..
FAX..
EMAIL..

NAME..
ADDRESS..
....
MOBILE # (Cell)...
HOME #...
WORK #..
FAX..
EMAIL..

NAME..
ADDRESS..
....
MOBILE # (Cell)...
HOME #...
WORK #..
FAX..
EMAIL..

NOTES:

NAME…………………………………………………………………
ADDRESS………………………………………………………………
………………………………………………………………………
MOBILE # (Cell)………………………………………………………
HOME #…………………………………………………………………
WORK #…………………………………………………………………
FAX………………………………………………………………………
EMAIL……………………………………………………………………

NAME…………………………………………………………………
ADDRESS………………………………………………………………
………………………………………………………………………
MOBILE # (Cell)………………………………………………………
HOME #…………………………………………………………………
WORK #…………………………………………………………………
FAX………………………………………………………………………
EMAIL……………………………………………………………………

NAME…………………………………………………………………
ADDRESS………………………………………………………………
………………………………………………………………………
MOBILE # (Cell)………………………………………………………
HOME #…………………………………………………………………
WORK #…………………………………………………………………
FAX………………………………………………………………………
EMAIL……………………………………………………………………

NOTES:

NAME……………………………………………………………
ADDRESS……………………………………………………….....
…………………………………………………………………….....
MOBILE # (Cell)…………………………………………...…..
HOME #……………………………………………………..….....
WORK #……………………………………………………..........
FAX……………………………………………………………….
EMAIL…………………………………………………………….

NAME……………………………………………………………
ADDRESS……………………………………………………….....
…………………………………………………………………….....
MOBILE # (Cell)…………………………………………...…..
HOME #……………………………………………………..….....
WORK #……………………………………………………..........
FAX……………………………………………………………….
EMAIL…………………………………………………………….

NAME……………………………………………………………
ADDRESS……………………………………………………….....
…………………………………………………………………….....
MOBILE # (Cell)…………………………………………...…..
HOME #……………………………………………………..….....
WORK #……………………………………………………..........
FAX……………………………………………………………….
EMAIL…………………………………………………………….

NOTES:

NAME…………………………………………………………………
ADDRESS……………………………………………………………....
…………………………………………………………………………....
MOBILE # (Cell)…………………………………………………..…..
HOME #……………………………………………………………..…....
WORK #…………………………………………………………….........
FAX……………………………………………………………………..
EMAIL…………………………………………………………………..

NAME…………………………………………………………………
ADDRESS……………………………………………………………....
…………………………………………………………………………....
MOBILE # (Cell)…………………………………………………..…..
HOME #……………………………………………………………..…....
WORK #…………………………………………………………….........
FAX……………………………………………………………………..
EMAIL…………………………………………………………………..

NAME…………………………………………………………………
ADDRESS……………………………………………………………....
…………………………………………………………………………....
MOBILE # (Cell)…………………………………………………..…..
HOME #……………………………………………………………..…....
WORK #…………………………………………………………….........
FAX……………………………………………………………………..
EMAIL…………………………………………………………………..

NOTES:

NAME…………………………………………………………………
ADDRESS………………………………………………………………….
……………………………………………………………………………
MOBILE # (Cell)………………………………………………………..
HOME #……………………………………………………………………
WORK #……………………………………………………………………
FAX……………………………………………………………………….
EMAIL…………………………………………………………………….

NAME…………………………………………………………………
ADDRESS………………………………………………………………….
……………………………………………………………………………
MOBILE # (Cell)………………………………………………………..
HOME #……………………………………………………………………
WORK #……………………………………………………………………
FAX……………………………………………………………………….
EMAIL…………………………………………………………………….

NAME…………………………………………………………………
ADDRESS………………………………………………………………….
……………………………………………………………………………
MOBILE # (Cell)………………………………………………………..
HOME #……………………………………………………………………
WORK #……………………………………………………………………
FAX……………………………………………………………………….
EMAIL…………………………………………………………………….

NOTES:

NAME..
ADDRESS..
....
MOBILE # (Cell)...
HOME #..
WORK #..
FAX..
EMAIL...

NAME..
ADDRESS..
....
MOBILE # (Cell)...
HOME #..
WORK #..
FAX..
EMAIL...

NAME..
ADDRESS..
....
MOBILE # (Cell)...
HOME #..
WORK #..
FAX..
EMAIL...

NOTES:

NAME……………………………………………………………
ADDRESS…………………………………………………………....
……………………………………………………………………....
MOBILE # (Cell)……………………………………………...…..
HOME #……………………………………………………..…....
WORK #……………………………………………………….........
FAX……………………………………………………………….
EMAIL…………………………………………………………….

NAME……………………………………………………………
ADDRESS…………………………………………………………....
……………………………………………………………………....
MOBILE # (Cell)……………………………………………...…..
HOME #……………………………………………………..…....
WORK #……………………………………………………….........
FAX……………………………………………………………….
EMAIL…………………………………………………………….

NAME……………………………………………………………
ADDRESS…………………………………………………………....
……………………………………………………………………....
MOBILE # (Cell)……………………………………………...…..
HOME #……………………………………………………..…....
WORK #……………………………………………………….........
FAX……………………………………………………………….
EMAIL…………………………………………………………….

<u>NOTES:</u>

NAME…………………………………………………………………
ADDRESS…………………………………………………………….....
…………………………………………………………………………....
MOBILE # (Cell)……………………………………………………..…..
HOME #…………………………………………………………..……....
WORK #…………………………………………………………….........
FAX……………………………………………………………………..
EMAIL……………………………………………………………………..

NAME…………………………………………………………………
ADDRESS…………………………………………………………….....
…………………………………………………………………………....
MOBILE # (Cell)……………………………………………………..…..
HOME #…………………………………………………………..……....
WORK #…………………………………………………………….........
FAX……………………………………………………………………..
EMAIL……………………………………………………………………..

NAME…………………………………………………………………
ADDRESS…………………………………………………………….....
…………………………………………………………………………....
MOBILE # (Cell)……………………………………………………..…..
HOME #…………………………………………………………..……....
WORK #…………………………………………………………….........
FAX……………………………………………………………………..
EMAIL……………………………………………………………………..

NOTES:

NAME..
ADDRESS...
....
MOBILE # (Cell)...
HOME #..
WORK #..
FAX..
EMAIL..

NAME..
ADDRESS...
....
MOBILE # (Cell)...
HOME #..
WORK #..
FAX..
EMAIL..

NAME..
ADDRESS...
....
MOBILE # (Cell)...
HOME #..
WORK #..
FAX..
EMAIL..

NOTES:

NAME..
ADDRESS...
....
MOBILE # (Cell)..
HOME #..
WORK #..
FAX..
EMAIL...

NAME..
ADDRESS...
....
MOBILE # (Cell)..
HOME #..
WORK #..
FAX..
EMAIL...

NAME..
ADDRESS...
....
MOBILE # (Cell)..
HOME #..
WORK #..
FAX..
EMAIL...

NOTES:

NAME……………………………………………………………………
ADDRESS…………………………………………………………………
…………………………………………………………………………
MOBILE # (Cell)……………………………………………………
HOME #……………………………………………………………………
WORK #……………………………………………………………………
FAX……………………………………………………………………………
EMAIL……………………………………………………………………

NAME……………………………………………………………………
ADDRESS…………………………………………………………………
…………………………………………………………………………
MOBILE # (Cell)……………………………………………………
HOME #……………………………………………………………………
WORK #……………………………………………………………………
FAX……………………………………………………………………………
EMAIL……………………………………………………………………

NAME……………………………………………………………………
ADDRESS…………………………………………………………………
…………………………………………………………………………
MOBILE # (Cell)……………………………………………………
HOME #……………………………………………………………………
WORK #……………………………………………………………………
FAX……………………………………………………………………………
EMAIL……………………………………………………………………

NOTES:

NAME...
ADDRESS..
....
MOBILE # (Cell)...
HOME #...
WORK #..
FAX...
EMAIL..

NAME...
ADDRESS..
....
MOBILE # (Cell)...
HOME #...
WORK #..
FAX...
EMAIL..

NAME...
ADDRESS..
....
MOBILE # (Cell)...
HOME #...
WORK #..
FAX...
EMAIL..

NOTES:

NAME…………………………………………………………
ADDRESS………………………………………………………....
……………………………………………………………………....
MOBILE # (Cell)……………………………………………..…..
HOME #…………………………………………………..……....
WORK #……………………………………………………..........
FAX………………………………………………………………..
EMAIL……………………………………………………………..

NAME…………………………………………………………
ADDRESS………………………………………………………....
……………………………………………………………………....
MOBILE # (Cell)……………………………………………..…..
HOME #…………………………………………………..……....
WORK #……………………………………………………..........
FAX………………………………………………………………..
EMAIL……………………………………………………………..

NAME…………………………………………………………
ADDRESS………………………………………………………....
……………………………………………………………………....
MOBILE # (Cell)……………………………………………..…..
HOME #…………………………………………………..……....
WORK #……………………………………………………..........
FAX………………………………………………………………..
EMAIL……………………………………………………………..

NOTES:

NAME……………………………………………………………
ADDRESS………………………………………………………….
…………………………………………………………………….
MOBILE # (Cell)…………………………………………………
HOME #…………………………………………………………..
WORK #…………………………………………………………..
FAX……………………………………………………………….
EMAIL…………………………………………………………….

NAME……………………………………………………………
ADDRESS………………………………………………………….
…………………………………………………………………….
MOBILE # (Cell)…………………………………………………
HOME #…………………………………………………………..
WORK #…………………………………………………………..
FAX……………………………………………………………….
EMAIL…………………………………………………………….

NAME……………………………………………………………
ADDRESS………………………………………………………….
…………………………………………………………………….
MOBILE # (Cell)…………………………………………………
HOME #…………………………………………………………..
WORK #…………………………………………………………..
FAX……………………………………………………………….
EMAIL…………………………………………………………….

NOTES:

NAME..
ADDRESS..
....
MOBILE # (Cell)...
HOME #...
WORK #..
FAX...
EMAIL...

NAME..
ADDRESS..
....
MOBILE # (Cell)...
HOME #...
WORK #..
FAX...
EMAIL...

NAME..
ADDRESS..
....
MOBILE # (Cell)...
HOME #...
WORK #..
FAX...
EMAIL...

NOTES:

NAME…………………………………………………………………
ADDRESS……………………………………………………………….
…………………………………………………………………………….
MOBILE # (Cell)……………………………………………………..
HOME #……………………………………………………………….
WORK #……………………………………………………………….
FAX…………………………………………………………………….
EMAIL………………………………………………………………….

NAME…………………………………………………………………
ADDRESS……………………………………………………………….
…………………………………………………………………………….
MOBILE # (Cell)……………………………………………………..
HOME #……………………………………………………………….
WORK #……………………………………………………………….
FAX…………………………………………………………………….
EMAIL………………………………………………………………….

NAME…………………………………………………………………
ADDRESS……………………………………………………………….
…………………………………………………………………………….
MOBILE # (Cell)……………………………………………………..
HOME #……………………………………………………………….
WORK #……………………………………………………………….
FAX…………………………………………………………………….
EMAIL………………………………………………………………….

NOTES:

NAME……………………………………………………………
ADDRESS………………………………………………………….
……………………………………………………………………
MOBILE # (Cell)……………………………………………….
HOME #…………………………………………………………
WORK #…………………………………………………………
FAX………………………………………………………………
EMAIL……………………………………………………………

NAME……………………………………………………………
ADDRESS………………………………………………………….
……………………………………………………………………
MOBILE # (Cell)……………………………………………….
HOME #…………………………………………………………
WORK #…………………………………………………………
FAX………………………………………………………………
EMAIL……………………………………………………………

NAME……………………………………………………………
ADDRESS………………………………………………………….
……………………………………………………………………
MOBILE # (Cell)……………………………………………….
HOME #…………………………………………………………
WORK #…………………………………………………………
FAX………………………………………………………………
EMAIL……………………………………………………………

NOTES:

NAME...
ADDRESS...
....
MOBILE # (Cell)...
HOME #..
WORK #..
FAX..
EMAIL...

NAME...
ADDRESS...
....
MOBILE # (Cell)...
HOME #..
WORK #..
FAX..
EMAIL...

NAME...
ADDRESS...
....
MOBILE # (Cell)...
HOME #..
WORK #..
FAX..
EMAIL...

NOTES:

NAME……………………………………………………………
ADDRESS…………………………………………………………...
……………………………………………………………………...
MOBILE # (Cell)……………………………………………..…..
HOME #………………………………………………………..…...
WORK #………………………………………………………........
FAX……………………………………………………………….
EMAIL…………………………………………………………….

NAME……………………………………………………………
ADDRESS…………………………………………………………...
……………………………………………………………………...
MOBILE # (Cell)……………………………………………..…..
HOME #………………………………………………………..…...
WORK #………………………………………………………........
FAX……………………………………………………………….
EMAIL…………………………………………………………….

NAME……………………………………………………………
ADDRESS…………………………………………………………...
……………………………………………………………………...
MOBILE # (Cell)……………………………………………..…..
HOME #………………………………………………………..…...
WORK #………………………………………………………........
FAX……………………………………………………………….
EMAIL…………………………………………………………….

NOTES:

NAME..
ADDRESS..
....
MOBILE # (Cell)..
HOME #..
WORK #..
FAX..
EMAIL..

NAME..
ADDRESS..
....
MOBILE # (Cell)..
HOME #..
WORK #..
FAX..
EMAIL..

NAME..
ADDRESS..
....
MOBILE # (Cell)..
HOME #..
WORK #..
FAX..
EMAIL..

NOTES:

NAME……………………………………………………………
ADDRESS…………………………………………………………....
……………………………………………………………………......
MOBILE # (Cell)……………………………………………..…..
HOME #………………………………………………………..…....
WORK #…………………………………………………….........
FAX……………………………………………………………….
EMAIL…………………………………………………………….

NAME……………………………………………………………
ADDRESS…………………………………………………………....
……………………………………………………………………......
MOBILE # (Cell)……………………………………………..…..
HOME #………………………………………………………..…....
WORK #…………………………………………………….........
FAX……………………………………………………………….
EMAIL…………………………………………………………….

NAME……………………………………………………………
ADDRESS…………………………………………………………....
……………………………………………………………………......
MOBILE # (Cell)……………………………………………..…..
HOME #………………………………………………………..…....
WORK #…………………………………………………….........
FAX……………………………………………………………….
EMAIL…………………………………………………………….

NOTES:

NAME..
ADDRESS..
....
MOBILE # (Cell)..
HOME #..
WORK #..
FAX...
EMAIL..

NAME..
ADDRESS..
....
MOBILE # (Cell)..
HOME #..
WORK #..
FAX...
EMAIL..

NAME..
ADDRESS..
....
MOBILE # (Cell)..
HOME #..
WORK #..
FAX...
EMAIL..

NOTES:

NAME..
ADDRESS..
....
MOBILE # (Cell)..
HOME #..
WORK #..
FAX..
EMAIL..

NAME..
ADDRESS..
....
MOBILE # (Cell)..
HOME #..
WORK #..
FAX..
EMAIL..

NAME..
ADDRESS..
....
MOBILE # (Cell)..
HOME #..
WORK #..
FAX..
EMAIL..

NOTES:

NAME……………………………………………………………………
ADDRESS…………………………………………………………………
……………………………………………………………………………
MOBILE # (Cell)…………………………………………………………
HOME #……………………………………………………………………
WORK #……………………………………………………………………
FAX…………………………………………………………………………
EMAIL………………………………………………………………………

NAME……………………………………………………………………
ADDRESS…………………………………………………………………
……………………………………………………………………………
MOBILE # (Cell)…………………………………………………………
HOME #……………………………………………………………………
WORK #……………………………………………………………………
FAX…………………………………………………………………………
EMAIL………………………………………………………………………

NAME……………………………………………………………………
ADDRESS…………………………………………………………………
……………………………………………………………………………
MOBILE # (Cell)…………………………………………………………
HOME #……………………………………………………………………
WORK #……………………………………………………………………
FAX…………………………………………………………………………
EMAIL………………………………………………………………………

NOTES:

NAME..
ADDRESS..
....
MOBILE # (Cell)...
HOME #..
WORK #..
FAX...
EMAIL...

NAME..
ADDRESS..
....
MOBILE # (Cell)...
HOME #..
WORK #..
FAX...
EMAIL...

NAME..
ADDRESS..
....
MOBILE # (Cell)...
HOME #..
WORK #..
FAX...
EMAIL...

NOTES:

NAME..
ADDRESS..
....
MOBILE # (Cell)..
HOME #..
WORK #..
FAX..
EMAIL..

NAME..
ADDRESS..
....
MOBILE # (Cell)..
HOME #..
WORK #..
FAX..
EMAIL..

NAME..
ADDRESS..
....
MOBILE # (Cell)..
HOME #..
WORK #..
FAX..
EMAIL..

NOTES:

NAME……………………………………………………………
ADDRESS……………………………………………………….
…………………………………………………………………
MOBILE # (Cell)……………………………………………..
HOME #……………………………………………………….
WORK #……………………………………………………….
FAX…………………………………………………………….
EMAIL………………………………………………………….

NAME……………………………………………………………
ADDRESS……………………………………………………….
…………………………………………………………………
MOBILE # (Cell)……………………………………………..
HOME #……………………………………………………….
WORK #……………………………………………………….
FAX…………………………………………………………….
EMAIL………………………………………………………….

NAME……………………………………………………………
ADDRESS……………………………………………………….
…………………………………………………………………
MOBILE # (Cell)……………………………………………..
HOME #……………………………………………………….
WORK #……………………………………………………….
FAX…………………………………………………………….
EMAIL………………………………………………………….

NOTES:

NAME…………………………………………………………………
ADDRESS………………………………………………………………
………………………………………………………………………
MOBILE # (Cell)………………………………………………………
HOME #…………………………………………………………………
WORK #…………………………………………………………………
FAX………………………………………………………………………
EMAIL……………………………………………………………………

NAME…………………………………………………………………
ADDRESS………………………………………………………………
………………………………………………………………………
MOBILE # (Cell)………………………………………………………
HOME #…………………………………………………………………
WORK #…………………………………………………………………
FAX………………………………………………………………………
EMAIL……………………………………………………………………

NAME…………………………………………………………………
ADDRESS………………………………………………………………
………………………………………………………………………
MOBILE # (Cell)………………………………………………………
HOME #…………………………………………………………………
WORK #…………………………………………………………………
FAX………………………………………………………………………
EMAIL……………………………………………………………………

NOTES:

NAME……………………………………………………………………
ADDRESS………………………………………………………………….
…………………………………………………………………………….
MOBILE # (Cell)……………………………………………………..
HOME #………………………………………………………………….
WORK #……………………………………………………………….
FAX……………………………………………………………………..
EMAIL…………………………………………………………………..

NAME……………………………………………………………………
ADDRESS………………………………………………………………….
…………………………………………………………………………….
MOBILE # (Cell)……………………………………………………..
HOME #………………………………………………………………….
WORK #……………………………………………………………….
FAX……………………………………………………………………..
EMAIL…………………………………………………………………..

NAME……………………………………………………………………
ADDRESS………………………………………………………………….
…………………………………………………………………………….
MOBILE # (Cell)……………………………………………………..
HOME #………………………………………………………………….
WORK #……………………………………………………………….
FAX……………………………………………………………………..
EMAIL…………………………………………………………………..

NOTES:

NAME..
ADDRESS...
....
MOBILE # (Cell)...
HOME #..
WORK #..
FAX...
EMAIL..

NAME..
ADDRESS...
....
MOBILE # (Cell)...
HOME #..
WORK #..
FAX...
EMAIL..

NAME..
ADDRESS...
....
MOBILE # (Cell)...
HOME #..
WORK #..
FAX...
EMAIL..

NOTES:

NAME……………………………………………………………………
ADDRESS………………………………………………………………….
…………………………………………………………………………….
MOBILE # (Cell)……………………………………………………..
HOME #………………………………………………………………….
WORK #…………………………………………………………………
FAX………………………………………………………………………
EMAIL……………………………………………………………………

NAME……………………………………………………………………
ADDRESS………………………………………………………………….
…………………………………………………………………………….
MOBILE # (Cell)……………………………………………………..
HOME #………………………………………………………………….
WORK #…………………………………………………………………
FAX………………………………………………………………………
EMAIL……………………………………………………………………

NAME……………………………………………………………………
ADDRESS………………………………………………………………….
…………………………………………………………………………….
MOBILE # (Cell)……………………………………………………..
HOME #………………………………………………………………….
WORK #…………………………………………………………………
FAX………………………………………………………………………
EMAIL……………………………………………………………………

NOTES:

NAME……………………………………………………………………
ADDRESS……………………………………………………………….…
……………………………………………………………………………..…
MOBILE # (Cell)…………………………………………………..…..
HOME #…………………………………………………………..……...
WORK #……………………………………………………………..........
FAX……………………………………………………………………..
EMAIL……………………………………………………………………..

NAME……………………………………………………………………
ADDRESS……………………………………………………………….…
……………………………………………………………………………..…
MOBILE # (Cell)…………………………………………………..…..
HOME #…………………………………………………………..……...
WORK #……………………………………………………………..........
FAX……………………………………………………………………..
EMAIL……………………………………………………………………..

NAME……………………………………………………………………
ADDRESS……………………………………………………………….…
……………………………………………………………………………..…
MOBILE # (Cell)…………………………………………………..…..
HOME #…………………………………………………………..……...
WORK #……………………………………………………………..........
FAX……………………………………………………………………..
EMAIL……………………………………………………………………..

NOTES:

NAME..
ADDRESS...
....
MOBILE # (Cell)..
HOME #..
WORK #..
FAX..
EMAIL..

NAME..
ADDRESS...
....
MOBILE # (Cell)..
HOME #..
WORK #..
FAX..
EMAIL..

NAME..
ADDRESS...
....
MOBILE # (Cell)..
HOME #..
WORK #..
FAX..
EMAIL..

NOTES:

NAME..
ADDRESS...
....
MOBILE # (Cell)...
HOME #..
WORK #..
FAX...
EMAIL...

NAME..
ADDRESS...
....
MOBILE # (Cell)...
HOME #..
WORK #..
FAX...
EMAIL...

NAME..
ADDRESS...
....
MOBILE # (Cell)...
HOME #..
WORK #..
FAX...
EMAIL...

NOTES:

NAME..
ADDRESS...
....
MOBILE # (Cell)...
HOME #..
WORK #..
FAX...
EMAIL..

NAME..
ADDRESS...
....
MOBILE # (Cell)...
HOME #..
WORK #..
FAX...
EMAIL..

NAME..
ADDRESS...
....
MOBILE # (Cell)...
HOME #..
WORK #..
FAX...
EMAIL..

NOTES:

NAME…………………………………………………………………
ADDRESS…………………………………………………………….....
………………………………………………………………………......
MOBILE # (Cell)…………………………………………………..…..
HOME #…………………………………………………………..……....
WORK #………………………………………………………….............
FAX………………………………………………………………………..
EMAIL……………………………………………………………………..

NAME…………………………………………………………………
ADDRESS…………………………………………………………….....
………………………………………………………………………......
MOBILE # (Cell)…………………………………………………..…..
HOME #…………………………………………………………..……....
WORK #………………………………………………………….............
FAX………………………………………………………………………..
EMAIL……………………………………………………………………..

NAME…………………………………………………………………
ADDRESS…………………………………………………………….....
………………………………………………………………………......
MOBILE # (Cell)…………………………………………………..…..
HOME #…………………………………………………………..……....
WORK #………………………………………………………….............
FAX………………………………………………………………………..
EMAIL……………………………………………………………………..

NOTES:

NAME……………………………………………………………………
ADDRESS……………………………………………………………….
………………………………………………………………………………
MOBILE # (Cell)……………………………………………………..
HOME #…………………………………………………………………
WORK #…………………………………………………………………
FAX………………………………………………………………………
EMAIL……………………………………………………………………

NAME……………………………………………………………………
ADDRESS……………………………………………………………….
………………………………………………………………………………
MOBILE # (Cell)……………………………………………………..
HOME #…………………………………………………………………
WORK #…………………………………………………………………
FAX………………………………………………………………………
EMAIL……………………………………………………………………

NAME……………………………………………………………………
ADDRESS……………………………………………………………….
………………………………………………………………………………
MOBILE # (Cell)……………………………………………………..
HOME #…………………………………………………………………
WORK #…………………………………………………………………
FAX………………………………………………………………………
EMAIL……………………………………………………………………

NOTES:

NAME……………………………………………………………………
ADDRESS……………………………………………………………….
……………………………………………………………………………
MOBILE # (Cell)………………………………………………………
HOME #…………………………………………………………………
WORK #…………………………………………………………………
FAX………………………………………………………………………
EMAIL……………………………………………………………………

NAME……………………………………………………………………
ADDRESS……………………………………………………………….
……………………………………………………………………………
MOBILE # (Cell)………………………………………………………
HOME #…………………………………………………………………
WORK #…………………………………………………………………
FAX………………………………………………………………………
EMAIL……………………………………………………………………

NAME……………………………………………………………………
ADDRESS……………………………………………………………….
……………………………………………………………………………
MOBILE # (Cell)………………………………………………………
HOME #…………………………………………………………………
WORK #…………………………………………………………………
FAX………………………………………………………………………
EMAIL……………………………………………………………………

NOTES:

NAME……………………………………………………………
ADDRESS……………………………………………………….
…………………………………………………………………
MOBILE # (Cell)……………………………………………….
HOME #…………………………………………………………
WORK #…………………………………………………………
FAX………………………………………………………………
EMAIL……………………………………………………………

NAME……………………………………………………………
ADDRESS……………………………………………………….
…………………………………………………………………
MOBILE # (Cell)……………………………………………….
HOME #…………………………………………………………
WORK #…………………………………………………………
FAX………………………………………………………………
EMAIL……………………………………………………………

NAME……………………………………………………………
ADDRESS……………………………………………………….
…………………………………………………………………
MOBILE # (Cell)……………………………………………….
HOME #…………………………………………………………
WORK #…………………………………………………………
FAX………………………………………………………………
EMAIL……………………………………………………………

NOTES:

NAME..
ADDRESS...
....
MOBILE # (Cell)...
HOME #..
WORK #..
FAX...
EMAIL...

NAME..
ADDRESS...
....
MOBILE # (Cell)...
HOME #..
WORK #..
FAX...
EMAIL...

NAME..
ADDRESS...
....
MOBILE # (Cell)...
HOME #..
WORK #..
FAX...
EMAIL...

NOTES:

NAME...
ADDRESS...
....
MOBILE # (Cell)...
HOME #...
WORK #...
FAX...
EMAIL..

NAME...
ADDRESS...
....
MOBILE # (Cell)...
HOME #...
WORK #...
FAX...
EMAIL..

NAME...
ADDRESS...
....
MOBILE # (Cell)...
HOME #...
WORK #...
FAX...
EMAIL..

NOTES:

NAME..
ADDRESS..
....
MOBILE # (Cell)..
HOME #...
WORK #...
FAX..
EMAIL..

NAME..
ADDRESS..
....
MOBILE # (Cell)..
HOME #...
WORK #...
FAX..
EMAIL..

NAME..
ADDRESS..
....
MOBILE # (Cell)..
HOME #...
WORK #...
FAX..
EMAIL..

NOTES:

www.ingramcontent.com/pod-product-compliance
Lightning Source LLC
Chambersburg PA
CBHW060512220326
41598CB00025B/3635
* 9 7 8 1 6 3 5 8 9 0 7 1 6 *